BIBLIOTHÈQUE UTILE

S. BARILLET

Licencié en Droit commercial
Prix d'Honneur de la Banque de France

CONDITIONS REQUISES POUR ÊTRE COMMERÇANT

Actes de commerce – Le Mineur commerçant
La Femme mariée commerçante – – –
– – – Les Obligations des Commerçants

SOCIÉTÉ DES ÉDITIONS
LOUIS - MICHAUD
168, Bd SAINT-GERMAIN
PARIS

S. BARILLET
Licencié en droit commercial
Prix d'honneur de la Banque de France.

* *

Conditions requises pour être Commerçant

Certaines personnes ont fait et font encore du commerce, ignorant trop souvent dans quelles conditions elles devraient entreprendre leurs affaires. D'où, la plupart du temps, débuts incertains éloignant ainsi le but qu'elles se proposent d'atteindre; puis, manque d'assurance dans les transactions consécutives que le commerce exige, d'où arrêt momentané des réalisations pécuniaires. Enfin, les plus hardis en viennent parfois à s'enlizer et ne se relèvent que meurtris, ayant vu leurs chères illusions mourir l'une après l'autre.

Il serait cependant facile de se caparaçonner, sans études spéciales, de conseils utiles et précieux, d'idées nettes, et de marcher en toute connaissance de cause. Voilà qui éviterait bien des chutes.

Mais les livres traitant des questions commerciales

sont presque toujours rédigés en langage technique et, par cela même, abordables seulement pour quelques esprits ayant déjà des notions de droit.

Aussi, j'ai pensé rendre service au petit monde commercial en écrivant, aussi clairement que possible et en évitant les expressions professionnelles, un traité de notions principales et générales de commerce, dans lequel il trouvera, je l'espère, toutes les choses essentielles, susceptibles de l'aider.

A la portée de toute intelligence, il peut même servir aux élèves faisant des études commerciales élémentaires.

PRINCIPALES CONDITIONS POUR FAIRE LE COMMERCE

Trois conditions sont nécessaires pour être commerçant. Il faut :

1° **Faire des actes de commerce.**

2° **En faire habituellement**

3° Non seulement habituellement, mais **à titre de profession.**

L'article premier du code de commerce donne une définition ainsi conçue : « Sont commerçants, ceux qui exerçent des actes de commerce et en font leur profession habituelle. »

ACTES DE COMMERCE

Les actes de commerce consistent en opérations diverses telles que : achats, ventes, échanges, entreprises de manufactures, transports, etc..., dont l'ensemble constitue le commerce proprement dit.

Ils sont énumérés dans les articles 632 et suivants du code de commerce, mais on peut les diviser en quatre groupes principaux :

I. **Les achats ayant pour but la revente.**

II. **Les diverses entreprises.**

III. **Les opérations de banque, change, courtage.**

IV. **Les opérations maritimes.**

Premier groupe. Toutefois, le premier groupe n'est réputé « actes de commerce » par la loi, que si les opérations portent sur des denrées ou sur des marchandises. Il faut comprendre dans cette expression tous les objets mobiliers.

Par contre, toute entreprise se basant, par exemple, sur des terrains bâtis ou non, sur l'exploitation de mines, sur un canal maritime, etc..., n'a pas le caractère d'un acte de commerce.

La première opération exigée pour qu'il y ait acte commercial est, tout d'abord, l'achat, c'est-à-dire, l'acquisition à titre onéreux. Mais encore faut-il que cet achat soit fait en vue de la revente ou de la location.

Ainsi, une personne ayant fait acquisition d'un objet quelconque pour son usage personnel et le revendant ensuite, même avec bénéfice, n'a fait qu'un acte purement civil, parce que, au moment de l'achat, son but n'était pas tel.

Les commerçants ne sont donc véritablement commerçants que si leurs actes visent la spéculation. Ils sont, en quelque sorte, le trait d'union entre le producteur et le consommateur et ne sont ainsi que des intermédiaires spéculants.

Dans l'article 632 du code de commerce, l'achat seul est en cause, sans mentionner aucunement la revente ou la location. Cependant, si on considère « acte de commerce » un achat, la logique ne nous dit-elle pas que la vente qui, en somme, n'est que la contre-partie de l'achat, est un acte essentiellement commercial?

Il ne faudrait cependant pas confondre ici la vente d'une marchandise qui n'a pas été préalablement acquise à titre onéreux.

Par exemple : un auteur qui vendrait ses œuvres à un éditeur ne fait qu'un acte civil, de même qu'un cultivateur vendant les produits qui proviendraient de son cru. Ceux-ci ont évidemment cédé, contre une valeur monétaire équivalente, l'un son travail intellectuel, l'autre ses produits matériels, mais, d'un côté comme de l'autre, cet acte n'est pas précédé d'un achat (article 638, code de commerce). Par contre, l'éditeur, lui, fait un acte commercial, parce que son but, en achetant les œuvres de l'auteur, est de les céder à ses clients avec l'intention d'en tirer un profit pécuniaire.

De là, deux sortes de vente : 1° Vente non précédée d'un achat, ce qui devient un acte purement civil; 2° Vente après achat, avec l'intention de réaliser des bénéfices, d'où acte de commerce.

La même définition s'impose en ce qui concerne la location.

Un acte isolé fait dans les conditions précitées devient commercial mais ne donne pas le titre de commerçant à la personne qui l'accomplit.

Second groupe. Les différentes entreprises que la loi énumère et répute actes de commerce sont : entreprises de manufactures, de commission, de transports par terre ou par eau, de fournitures, d'agences et de bureaux d'affaires, d'établissements de ventes à l'encan et de spectacles publics.

Contrairement au premier groupe, un acte isolé ne devient pas commercial dans ces entreprises. Il doit, pour cela, être suivi de beaucoup d'autres.

La manufacture est la transformation de matières premières en objets ou denrées propres à la consommation du public.

Mais il ne faudrait pas envisager « entreprise » les actes faits par un manufacturier achetant directement au producteur les matières à transformer pour les revendre, sous quelque forme que ce soit. Ce sont alors de simples actes commerciaux soumis à l'article 682 du code de commerce.

Si, au contraire, la transformation se fait sur des marchandises appartenant à autrui et confiées au manufacturier uniquement dans ce but, la métamorphose ainsi obtenue, sans idée d'achat en vue de la revente, constitue une opération d'entreprise, chose que l'on confond souvent avec le précédent paragraphe.

Les entreprises de commission et de transports par terre ou par eau demandent une assez longue étude ; nous y reviendrons plus tard. Ces deux opérations se traitent généralement par contrats et sont, si elles se multiplient, des actes de commerce.

Quant à l'entreprise de fournitures, elle se rapproche beaucoup des achats en vue de la revente, sauf dans certains cas, où le cédant signe son contrat de vente avant l'achat.

Exemple : un entrepreneur s'engage à fournir à l'Etat une certaine quantité d'armes pour le service régimentaire, à des époques déterminées et à des prix convenus entre les représentants des deux parties. Or, n'ayant probablement pas, pour ne pas dire sûrement, les marchandises en quantité suffisante pour le ravitaillement conclu, l'acte de vente passe, de ce fait, avant l'acquisition. Peu importe, puisque les achats seront inévitablement faits, non seulement dans le but, mais avec la certitude de revente.

Les entreprises d'agences et de bureaux d'affaires qui comprennent en résumé : agences de renseignements, gérances de propriétés, recouvrements de créances, bureaux de placements, etc., sont subordonnées aux mêmes théories que les précédentes.

De même pour les établissements de ventes à l'encan, dans lesquels se font les ventes aux enchères publiques. Est commerçant, tel entrepreneur qui sert en quelque sorte d'intermédiaire entre les vendeurs et les acquéreurs, et ses actes sont réputés nécessairement « actes de commerce. »

Comme dans le premier groupe des actes de commerce, il existe pour les entreprises de spectacles publics, une différence entre les actes du directeur de théâtre qui loue ou achète une salle avec l'intention de sous-louer les places aux spectateurs et les actes de l'auteur qui veut tirer parti de son talent, en traitant avec le directeur, pour l'interprétation de son œuvre. Les acteurs eux-mêmes, en signant un engagement, font un acte civil comme l'auteur, tandis que le directeur fait des actes commerciaux.

Troisième groupe. Toutes les opérations de banque comme prêts d'argent, ouvertures de crédits, escompte d'effets, etc., sont des opérations commerciales.

Le change lui-même, qu'il soit manuel ou tiré, est soumis à l'article du code de commerce concernant les entreprises de commerce, quant à la multiplicité des actes.

Seul le courtage (différencié de la Commission en ce que le courtier facilite, sans intervention dans la transaction, le rapprochement de deux personnes voulant traiter une affaire) est considéré acte de commerce même pour une opération isolée.

Contrairement aux entreprises pour lesquelles on exige la multiplicité des actes afin de leur donner un caractère commercial, le courtage tombe dans le domaine de la commercialité, même s'il ne se traduit que par un acte unique.

Quatrième groupe. L'article 633 du code de commerce donne la liste des opérations en matière maritime que la loi répute actes de commerce.

Voici, en résumé, un aperçu de quelques-unes :

I. Entreprise de constructions de bâtiments ou achats et ventes, pour la navigation générale.

II. Achats ou ventes d'agréés, avitaillements, etc.

III. Expéditions maritimes.

IV. Tous accords pour salaires d'équipages.

V. Engagements de gens de mer pour le service des bâtiments de commerce.

VI. Toutes assurances concernant le commerce maritime.

Il existe encore l'industrie extractive et l'industrie agricole; mais ces genres d'opérations sont entièrement régies par le Droit civil. Compréhension de toute clarté puisque la vente de ces produits ne peut être « acte de commerce » du fait de la non existence d'achat : condition primordiale que j'ai expliquée dans une page précédente.

En dehors des actes de commerce dont l'énumération vient d'être rapidement donnée, il ne faut pas oublier que, malgré la classification de la lettre de change ou traite dans les effets de commerce, cet engagement tout à fait commercial, quelle que soit la personne du souscripteur (civil ou commerçant), est toujours considéré acte de commerce.

C'est ainsi qu'une personne qui règlerait ses fournisseurs, même journellement, en acceptant des lettres de change ferait, de droit, des actes de commerce, mais ne serait pas pour cela un commerçant. Ces actes seraient des actes habituels, mais non de profession.

Une des conditions encore essentielles pour être commerçant est d'exercer le commerce en son nom propre. Par exemple, un employé chargé par son patron de faire des achats et des ventes n'est pas un commerçant au point de vue légal; il est simplement l'intermédiaire du patron.

LE MINEUR COMMERÇANT

Les incapables en matière civile le sont, de droit, en matière commerciale.

Toutefois, un mineur peut être habilité à faire le commerce. Le code de commerce, ayant prévu cette exception, s'en est occupé ainsi que pour la femme mariée.

Les quatre conditions requises pour qu'un mineur soit habilité à faire le commerce sont énumérées comme suit dans l'article 2 du code de commerce.

1° **Etre émancipé.**

2° **Avoir dix-huit ans.**

3° **Etre autorisé.**

4° Remplir certaines **formalités de publicité.**

Un mineur non émancipé ne peut faire aucun acte, de quelle que sorte qu'il soit, sans être représenté par son tuteur (son père ou autre personne désignée par un conseil de famille en cas de décès des parents).

Or, puisqu'une personne, pour être véritablement commerçante, doit exercer le commerce en son nom propre, il serait inadmissible qu'un mineur fasse des opérations commerciales et que celles-ci soient officiellement dirigées par un tuteur. Il serait, de ce fait, son propre intermédiaire sous une couverture de majorité que lui aurait imposée la loi civile ce qui, aux yeux de tous, serait une anomalie incontestable.

D'autre part, certains tuteurs pourraient profiter de l'incapacité du mineur pour faire des opérations avantageuses quant à eux et désastreuses pour l'intéressé : danger que la loi a prévu.

La logique veut donc que tout mineur voulant exercer le commerce soit entièrement maître et responsable de ses actes, d'où la nécessité d'émancipation.

Cependant, cette condition seule ne suffit pas. Le

législateur ne permet pas au mineur d'exercer le commerce avant dix-huit ans.

Il semble tout naturel qu'un cerveau de seize ou dix-sept ans ne soit pas assez robuste pour endosser des responsabilités étroitement surveillées par la loi. Un commerçant de cet âge inspirerait peu de confiance aux personnes susceptibles d'engager des pourparlers dans le but de traiter des affaires sérieuses. L'initiative n'étant pas encore née dans une aussi jeune tête, il serait, en effet, peu sage de laisser frôler de graves questions d'intérêts et même d'honneur par une inhabileté juvénile.

Outre cela, le mineur, quoiqu'émancipé et quoiqu'âgé de dix-huit ans, doit avoir l'autorisation de contracter des actes de commerce. Celle-ci lui est accordée par son père (tuteur naturel) ou, en cas de décès, d'interdition judiciaire ou d'absence, par sa mère. Si le mineur est orphelin, ou considéré comme tel, un conseil de famille délibérera et sera approuvé par le tribunal civil.

L'autorisation accordée doit être enregistrée et affichée au tribunal de commerce du lieu où le mineur désire élire sa demeure.

Par exemple, un jeune homme de dix-neuf ou vingt ans, émancipé et autorisé selon la loi, habitant Paris mais désirant fonder un commerce à Marseille, devra faire enregistrer et afficher son autorisation au tribunal de commerce de cette ville. Il importe peu que cette déclaration soit faite à Paris, puisque son centre commercial n'y sera pas et qu'il traitera la plupart de ses contrats à Marseille.

Il est dans son intérêt de satisfaire à ce dernier devoir de publicité, tant au point de vue du crédit qu'il est susceptible de solliciter, et sûrement amené à se faire ouvrir, qu'au point de vue de la confiance des tiers quant à sa capacité.

Ces quatre conditions ne sont pas seulement nécessaires au mineur pour faire du commerce, mais elles sont rigoureusement exigées par la loi, même pour un acte commercial isolé. S'il a contracté de telles opérations, celles-ci peuvent être annulées et la multiplicité de ses actes ne lui confère aucun titre de commerçant.

Le mineur autorisé, et par cela même commerçant, devient majeur pour les faits relatifs à son commerce seulement.

Il a le droit d'**hypothéquer ses immeubles** si les besoins de son commerce le mettent dans cette nécessité. Mais, se conformant au code civil concernant les mineurs non émancipés, **il ne peut les aliéner**, c'est-à-dire les vendre ou les transférer à un autre propriétaire; chose bizarre, mais qu'on doit quand même observer, quoique l'article 2124 du code civil n'autorise l'hypothèque d'un immeuble que s'il y a capacité d'aliénation. Or, vous remarquerez que le contraire se produit pour le mineur commerçant.

Il est de toute prudence et de toute logique, pour une personne voulant traiter une affaire quelconque avec un mineur, de s'assurer si celui-ci a bien rempli toutes les formalités énumérées à l'article 2 du code de commerce et, surtout, s'il est légalement autorisé à faire des transactions commerciales : ceci dans l'intérêt de tout commerçant.

LA FEMME MARIÉE COMMERÇANTE

La femme mariée, considérée incapable en droit civil, peut, elle aussi, si elle remplit diverses formalités, devenir commerçante.

Une des premières conditions exigées est **l'autorisation de son mari.**

Ici plusieurs discussions ont déjà été engagées. Certains prétendent, toujours d'après les lois antérieures et subsistant encore, que le mari est seul juge des actes de sa femme.

Toutefois, si le refus de celui-ci n'est pas justifié ou qu'il soit interdit judiciaire ou absent, sa femme, qui désire faire le commerce, peut obtenir une **autorisation de justice.**

L'article 5 du code de commerce donne à la femme, commerçante tous les droits accordés au mineur émancipé et autorisé. De plus, elle a le droit d'hypothéquer et d'aliéner ses immeubles, liberté que la loi ne donne pas au mineur.

Par contre, pour ester en justice, c'est-à-dire pour suivre et défendre une action, l'autorisation du mari est indispensable (article 7, code de commerce), tandis que le mineur est exempt de tout consentement.

Je reviendrai plus tard sur les différents contrats de mariage au point de vue commercial, mais quelques mots s'imposent ici pour en instruire sommairement les créanciers.

Si les époux sont mariés sous le régime de la communauté, les créanciers peuvent poursuivre les trois patrimoines existant sous ce régime : le patrimoine commun, le patrimoine propre du mari et celui de la femme.

Sous le régime de la séparation de biens, ils ont droit de poursuite sur les biens personnels de la femme, mais doivent respecter ceux du mari.

Enfin, sous le régime dotal, les biens du mari sont en dehors de toute poursuite ; celle-ci ne porte même que sur les biens paraphernaux de la femme, c'est-à-dire ses biens particuliers dont elle a la jouissance et l'administration.

Ne voulant pas revenir sur les conseils de prudence énoncés dans le cours du précédent chapitre, j'insiste pourtant sur les mesures à prendre pour tout commerçant voulant faire une transaction importante avec une femme mariée commerçante. Les grosses affaires sont évidemment, de ce côté, plutôt rares, car une femme qui fait du commerce en son nom propre ne tient pas souvent une maison de grande envergure. Ce sont, en général, de petits commerces, traitant des affaires courantes et régulières, mais il est bon cependant de toujours agir en connaissance de cause.

DES OBLIGATIONS DES COMMERÇANTS

Si les commerçants ont certaines conditions à remplir et exigées par la loi, ils ont encore des obligations auxquelles ils ne doivent, ni ne peuvent se soustraire.

Ils doivent :

1° **Tenir certains livres**, dits livres de commerce.

2° **Publier** leur **contrat de mariage**, leur jugement de **séparation de biens**, de séparation **de corps** ou leur jugement **de divorce**.

La première obligation a pour but de se rendre compte, jour par jour, d'une façon précise, de la marche des affaires. C'est aussi un excellent moyen de preuve en cas de contestation. S'il y a faillite ou banqueroute, la recherche de la cessation de payement devient plus facile aux tribunaux chargés de statuer.

On distingue deux catégories de livres à tenir : les livres obligatoires et les livres facultatifs.

Les livres **obligatoires** sont : **le livre-journal, le livre de copie-lettres et le livre d'inventaire.**

Quant aux autres, dits livres facultatifs, le commerçant peut en créer autant que ses besoins l'exigent. En voici quelques-uns : grand livre, livre de caisse, de marchandises, brouillard, livre des effets, etc....

Par son article 13, le code de commerce fait connaître aux commerçants que des livres qui auraient été irrégulièrement tenus deviennent nuls en justice. De plus, cette désobéissance à la loi peut le faire déclarer banqueroutier simple (Article 586, n° 6, code de commerce).

Mais je reviendrai plus tard, en détail, sur ce point; qu'on sache seulement aujourd'hui ce que la loi exige du commerçant.

Quant à la publicité de certains actes et jugements, en voici un aperçu :

Un extrait du contrat de mariage mentionnant le

régime sous lequel les époux sont mariés sera affiché durant un an au tribunal de commerce et au tribunal civil, dans les chambres de notaires et d'avoués, à la requête du notaire si les époux exerçaient le commerce à la date de leur mariage, et à la diligence des intéressés s'ils ne sont devenus commerçants qu'à une date ultérieure (Articles 67 et 68, code de commerce).

Les mêmes formalités s'imposent pour les jugements de séparation de biens, de corps ou de divorce. Mais, tous trois doivent être insérés dans un journal d'annonces légales et lecture du jugement est faite à l'audience du tribunal de commerce (article 66, code de commerce), sauf en ce qui concerne le divorce.

Les articles 251 et 252 du code civil prescrivent la transcription du jugement de divorce sur les registres de l'état civil.

Après avoir rempli ces différentes conditions et obligations, le commerçant a droit à certains privilèges, notamment celui d'élire et d'être éligible aux tribunaux et chambres de commerce.

Je ne puis fermer ce livre sans parler d'une façon sommaire de l'interdiction de faire le commerce aux fonctionnaires publics et aux avocats. En cas d'infraction à la loi, ils peuvent encourir des peines disciplinaires. Cependant, contrairement aux incapables, les actes de commerce que feraient un avocat seraient valables et imposeraient de ce fait, à leur auteur, toutes les conséquences juridiques que comporte la qualité de commerçant.

Les chapitres qui précèdent ne serviront évidemment pas tous de base aux commerçants, mais chacun peut y puiser les renseignements principaux propres à son genre de commerce, afin d'éviter les fausses manœuvres dont les ignorants sont fréquemment les victimes. Les créanciers eux-mêmes pourront s'intéresser d'une façon toute particulière à la lecture de ces documents, pour assurer la sécurité de leurs capitaux, en limitant ou accordant les crédits qu'on sollicite d'eux journellement, suivant les conseils pratiques qu'ils puiseront dans cette étude.

FIN

LA ROCHE-SUR-YON. — IMPRIMERIE CENTRALE DE L'OUEST.

www.ingramcontent.com/pod-product-compliance
Lightning Source LLC
LaVergne TN
LVHW010217230826
846091LV00008BB/3556

* 9 7 8 2 0 1 9 2 3 8 4 4 5 *